Alle Bobbi-boeken op een rij:

Bobbi doet boodschappen
Bobbi is jarig
Bobbi is zijn knuffel kwijt
Bobbi naar de speelzaal
Bobbi op vakantie
Bobbi op de kinderboerderij
Bobbi naar het bos
Bobbi is ziek
Bobbi op het potje
Bobbi gaat logeren
Bobbi viert sinterklaas
Bobbi viert kerst

Bobbi flapboeken:

Bobbi zoekt zijn vriendjes
Bobbi voert de dieren

Nur 271/L090604

Omslagontwerp: Winny Koenn

www.kluitman.nl

bobbi
is jarig

Tekst: Ingeborg Bijlsma
Tekeningen: Monica Maas

KLUITMAN

Bobbi is vandaag vroeg wakker.
Hij is nog nooit zo blij geweest.
Bobbi springt meteen zijn bed uit.
„Vandaag is mijn verjaardagsfeest!”

In de kamer hangen slingers,
helemaal alleen voor Bob.
Op de kast ziet hij een feestmuts,
die wil Bobbi heel graag op.

Bobbi klimt vlug op het krukje,
pakt de feestmuts van de kast.
En dan kijkt hij in de spiegel
of de muts hem wel goed past.

Trots klimt Bobbi op zijn stoeltje.

Hij danst vrolijk op en neer.

Papa roept: „Hiep hiep hoera

voor mijn grote Bobbibeer!"

Dan krijgt Bobbi zijn cadeautje.
„Wauw,” roept hij, „wat is dat groot!”
Bobbi scheurt het, rits-rats, open.
„O, een fiets! Kijk, hij is rood!”

Bobbi gaat meteen hard fietsen,
maar dat lukt nog niet zo goed.
Oei, daar gaat de vaas met bloemen.
Kijk uit, Bobbi, wat je doet!

„Ha," lacht Bobbi. „Dan mag ik nu
mijn verjaardagskleren aan.
Ollie, hoe vind jij mijn feestmuts
bij mijn nieuwe jasje staan?"

Bobbi roept: „Hé, daar is oma!"

En er komt nog meer bezoek.

Wat krijgt Bobbi veel cadeautjes:

een trein en krijtjes en een boek.

Plof! Wat valt daar op de deurmat?

„Er is post!” roept Bobbi blij.

„Kijk eens wat een mooie kaarten.

Zijn die allemaal voor mij?”

Mama zet de taart op tafel.

Mmm, die ziet er lekker uit.

Bobbi neemt alvast een hapje.

Wat zit daar nu op zijn snuit?

Bobbi speelt met zijn cadeautjes.
„Ollie kom! De trein moet gaan.
Tjoeke tjoeke tjoek," doet Bobbi.
„Aan de kant, daar kom ik aan!"

Het is laat, bedtijd voor Bobbi.
Zijn verjaardag is voorbij.
Bobbi gaapt en denkt nog even:
't was een berefeest voor mij!